SENTIMIENTOS IMPORTANTES

SENTIRSE VALIENTE

por Mary Lindeen

NORWOOD HOUSE PRESS

ESTIMADO (A) CUIDADOR (A), Los libros de la serie Comenzando a Leer - Grandes Sentimientos apoyan el

aprendizaje social y emocional (ASE) de los niños. Se ha demostrado que el ASE promueve no sólo el desarrollo de la autoconciencia, la responsabilidad y las relaciones positivas, sino también el rendimiento académico.

Investigaciones recientes revelan que la parte del cerebro que gestiona las emociones está directamente conectada con la parte del ce que se utiliza en tareas cognitivas como la resolución de problemas, lógica, razonamiento y pensamiento crítico, todo lo cual es fundam para el aprendizaje.

El ASE también está directamente vinculado con lo que se conoce como Habilidades del Siglo XXI: colaboración, comunicación, creativ y pensamiento crítico. Los libros incluidos en esta serie de ASE ofrecen un acercamiento temprano para ayudar a los niños a desarrolla competencias que necesitan para tener éxito en la escuela y en la vida.

En cada uno de estos libros, los niños más pequeños aprenderán a reconocer, nombrar y manejar sus sentimientos, al tiempo que apren todo el mundo comparte las mismas emociones. Esto les ayuda a desarrollar competencias sociales que les beneficiarán en sus relacion los demás, lo que a su vez contribuye a su éxito en la escuela. Además, los niños también practican habilidades lectoras tempranas mien leen palabras de uso frecuente y vocabulario relacionado con el contenido.

Los materiales de la parte posterior de cada libro le ayudarán a determinar el grado de comprensión de los conceptos por parte de su hi proporcionarán diferentes ideas para que practique la fluidez y le sugerirán libros y páginas de internet con lecturas adicionales.

Lo más importante de la experiencia de lectura con estos libros, y con todos los demás, es que su hijo se divierta y disfrute leyendo y aprendiendo.

Atentamente,

Mary Lindeen

Mary Lindeen, autora

Norwood House Press
For more information about Norwood House Press please visit our website at www.norwoodhousepress.com or call 866-565-290
© 2022 Norwood House Press. Beginning-to-Read™ is a trademark of Norwood House Press.

Editor: Judy Kentor Schmauss   **Designer**: Sara Radka   **Consultant**: Eida Del Risco

Photo Credits: Getty Images: 1BSG, 3, 1BSG, 5, Alistair Berg, 13, Ariel Skelley, 14, Blue Jean Images, 6, Don Mason, 9, EyeEm/Jesada Wongsa, 18, Image Source 26, JGI/Tom Grill, 17, Jupiterimages, 25, prostooleh, 22, Ridofranz, cover, 1, SDI Productions, 10; Shutterstock: alexkatkov, 29, Szasz-Fabian Ilka Erika, 21

Library of Congress Cataloging-in-Publication Data
Names: Lindeen, Mary, author.
Title: Sentirse valiente / por Mary Lindeen.
Other titles: Feeling brave. Spanish
Description: Chicago : Norwood House Press, [2022] | Series: A beginning-to-read book | Audience: Grades K-1 | Summary: "What does
   it mean to feel brave? Readers will learn how to recognize and manage that feeling in themselves, and how to respond to others who
   feel that way. An early social and emotional book with Spanish-only text, including a word list"-- Provided by publisher.
Identifiers: LCCN 2021049949 (print) | LCCN 2021049950 (ebook) | ISBN 9781684507993 (hardcover)
   | ISBN 9781684047116 (paperback) | ISBN 9781684047192 (epub)
Subjects: LCSH: Courage in children--Juvenile literature. | Courage--Juvenile literature.
Classification: LCC BF723.C694 L5418 2022 (print) | LCC BF723.C694 (ebook) | DDC 179/.6--dc23/eng/20211124
LC record available at https://lccn.loc.gov/2021049949
LC ebook record available at https://lccn.loc.gov/2021049950

   Library ISBN: 978-1-68450-799-3   Paperback ISBN: 978-1-68404-711-6

347N—012022
Manufactured in the United States of America in North Mankato, Minnesota.

Puede darte un poco de miedo
intentar cosas nuevas.

Puede ser que no te gusten.

¡O que te gusten mucho!

¿Tienes el valor
de intentarlo?

Sentirse valiente significa poder hacer algo, incluso si te da un poco de miedo.

Hacer cosas por ti mismo
puede dar miedo.

Sentirte valiente te ayuda
a hacerlas de todas formas.

Hacer preguntas puede darte miedo.

Sentirte valiente te ayuda a preguntar de todas formas.

Todos sentimos miedo en ocasiones.

Y también, en ocasiones, todos nos sentimos valientes.

A veces, la gente sabe que te sientes valiente, incluso si tienes miedo.

Puede que digan: "¡Bien por ti!".

Pero, a veces, tú eres el único que sabe que tienes miedo.

Así que, también eres el único que sabe que se siente valiente.

Entonces, puedes decir: "¡Bien por mí!".

Sentirte valiente te ayuda a aprender cosas nuevas.

Te ayuda a volver a intentarlas, incluso si fallas.

$$9 + 12 = 21$$

Fallar puede dar miedo.

Pero fallar nos ayuda a
aprender lo que hicimos mal.

Todos los que fallaron
se sintieron con el valor
suficiente para intentarlo.

Tú puedes ayudar a los demás a sentirse valientes.

Puedes decirles: "¡Tú puedes!".

Sentirte valiente también te ayuda a mostrar amabilidad.

Puedes sentir un poco de miedo de decir: "¿Cómo puedo ayudar?".

O, incluso, decir: "Me equivoqué, lo siento".

Sentirte valiente te ayuda a decir esas palabras.

¿Cómo puedes demostrar que te sientes valiente hoy?

Lista de palabras

a	eres	mostrar	sentirte
algo	esas	mucho	ser
amabilidad	fallar	no	si
aprender	fallaron	nos	siente
así	fallas	nuevas	sientes
ayuda	formas	o	siento
ayudar	gente	ocasiones	significa
bien	gusten	palabras	sintieron
cómo	hacer	para	suficiente
con	hacerlas	pero	también
cosas	hicimos	poco	te
da	hoy	poder	ti
dar	incluso	por	tienes
darte	intentar	preguntar	todas
de	intentarlas	preguntas	todos
decir	intentarlo	puede	tú
decirles	la	puedes	un
demás	lo	puedo	único
demostrar	los	que	valiente
digan	mal	sabe	valientes
el	me	se	valor
en	mí	sentimos	veces
entonces	miedo	sentir	volver
equivoqué	mismo	sentirse	y

Sobre la autora

Mary Lindeen es escritora, editora, madre y, anteriormente, profesora de primaria. Ha escrito más de 100 libros para niños y ha editado muchos más. Se especializa en la alfabetización temprana y en libros para jóvenes lectores, especialmente de no ficción.